Häschen klein ging allein...

Ein

lustiges Bilderbuch

mit Versen von

Herbert Kranz

und mit Bildern von

Fritz Koch-Gotha

CARLSEN

Vom Patenonkel kam ein Brief
ganz in der Früh, als alles schlief:
»Schickt Häschen klein doch zu mir her!
Auf den Besuch freu ich mich sehr!«

Da springt das Häschen aus dem Bett:
»Zum Onkel! Oh, wie ist das nett!«
Die Mutter aber spricht: »Nein! Nein!
Mein Häschen ist noch viel zu klein!«
Und auch die Schwestern sagen sich:
»Passiert ihm was, wär's fürchterlich!«
Der Vater macht nach seiner Art
»Hm, hm, soso!« und streicht den Bart.

»Vielleicht«, spricht er, »habt ihr ganz recht!
Doch der Gedanke ist nicht schlecht!
Wir leben so in Wald und Feld –
der Onkel ist ein Mann von Welt,
er wohnt dicht bei der großen Stadt,
wohl dem, der solchen Onkel hat!
Denn, meine kleine Schnuppernase,
dein Onkel ist der Osterhase!
Da hast du nicht nur deinen Spaß,
da siehst du was, da lernst du was!
Dein Schulzeugnis, das ließ sich sehn –
ich denke, Mutter, er soll gehen!«
Nun ist die Freude riesengroß,
und gleich geht auch das Packen los.

Und fertig steht der kleine Mann
und hört des Vaters Mahnung an:

»Du gehst den Weg stets geradeaus,
da kommst du dann an Onkels Haus.
Wenn irgendwer was von dir will,
hörst du nicht zu, gehst stolz und still
schnurgrad der lieben Sonne nach!
Vergiss nicht, was der Vater sprach!
Und sei mir ja auf eins bedacht:
Nimm dich vorm bösen Fuchs in Acht!«

Dem Häschen wird so sonderbar,
wie ihm noch nie, noch niemals war:
Häschen klein soll allein
in die weite Welt hinein?
Aber sieh ihm ins Gesicht:
Weint er oder weint er nicht?

Doch die Mutter weint so sehr:
»Komm ja nur bald wieder her!
Bleib nicht lange auf Besuch!
Hast du ein saubres Taschentuch?«

Nun läuft er schon bald
eine Stunde im Wald,
da springt aus dem Busch
ein Eichhörnchen, husch:
»Ach, Häschen klein,
ich bin so allein,
willst du mein Spielgeselle sein?«

Und Häschen klein
war auch so allein –
nun sind sie zu zwein
und spielen fein
und springen tief in den Wald hinein
und rennen und laufen einander nach –
weiß Häschen nicht mehr, was der Vater sprach?

Und plötzlich, wer hätt's gedacht,
da ist es schon ganz finstre Nacht,
und Häschen steckt in dem dichten Wald –
die Sonne ist fort, es wird so kalt!
»Eichhörnchen«, ruft Häschen, »bring mich nach Haus!«
Aber das Eichhörnchen lacht ihn aus,
es springt in sein Nest auf dem hohen Baum
und schläft und träumt einen schönen Traum.

Aber Häschen klein
ist nun ganz allein,
weiß nicht aus noch ein –
möchtest du das arme Häschen sein?

Doch sieh, da kommt der gute Mond,
der des Nachts am Himmel wohnt,
und in seinem hellen Schein
findet ein Reh unser Häschen klein.
Es tröstet den kleinen Hasenmann
und nimmt sich seiner liebreich an.
Es bringt ihn unter das Blätterdach,
die Rehkinder sind noch alle wach,
und da schläft's so warm und so weich,
als wär's bei den Engeln im Himmelreich.

Wie nun der helle Morgen gekommen,
da hat's das Häschen bei der Hand genommen
und auf den richtigen Weg gebracht.
Das Häschen hat einen Diener gemacht
und hat gesagt: »Ich danke auch schön,
nun werd ich nicht mehr in die Irre gehen!«

Das Häschen läuft das Feld entlang,
da wird ihm so angst, da wird ihm so bang –
er hört einen leisen Schleicheschritt,
und der schleichende Schritt, der schleicht immer mit!
Oh Häschen, mein Häschen, nun lauf du nur:
Der böse Fuchs ist dir auf der Spur!
Bumm! Bumm! Oh du großer Schreck!
Dem Häschen bleibt der Atem weg –
es schlägt einen Purzelbaum
und atmet kaum
und macht sich ganz klein
und drückt sich tief in die Erde hinein –
möchtest du das arme Häschen sein?
Doch der Jäger schoss den Kleinen nicht tot,
es floss nicht ein einziges Blutströpflein rot,
nichts tut ihm weh,
vom Kopf bis zum Zeh –
aber dem Fuchs hat er eins aufgebrannt,
und der ist gleich weit weggerannt.

Da konnte das Häschen sich verschnaufen
und ist dann wieder eifrig gelaufen.
Doch wie es ein Stückchen weiter war,
da kam schon eine neue Gefahr:
Ein großer Hund, der spürt es auf
und hetzt ihm nach in raschem Lauf.
Die Kinder rufen: »Nero, hier!!«
Doch Nero denkt: »Den fang ich mir!«

Das Häschen rennt, rennt, was es kann,
der Hund kommt immer mehr heran!
Das Häschen rennt in größter Hast –
»Gleich«, denkt es, »hat er mich gefasst!«

Ach, Häschen klein
wollt ganz allein
in die weite Welt hinein:
Nun möcht's so gern zu Hause sein!

Hat's der Hund gefangen? Nein!
Denn es lag ein großer Hase
ganz versteckt im tiefen Grase,
und er hat mit angesehn,
was da alles war geschehn.
Leise ruft das gute Tier:
»Häschen klein, ich helfe dir!«
Und es springt der schnelle Hase
wupp! dem Hunde vor die Nase,
und der Nero hinterher!
Ach, das Häschen kann nicht mehr.

Und die Kinder sind gekommen,
haben's auf den Arm genommen,
gaben ihm vom Butterbrot,
und da hat es keine Not.
Kommt der Nero angeschlichen
(denn der Has' ist längst entwichen),
und der Peter hält ihn gut,
dass er dem Häschen ja nichts tut.
Leise streicheln sie sein Fellchen,
doch sie tun es in kein Ställchen –
nein, sie lassen es hübsch gehn,
sagen nur: »Auf Wiedersehn!«

Aber an der nächsten Ecke,
an der großen Weißdornhecke,
da steht doch sein Onkel schon!
»Sei willkommen, Lampes Sohn!«
Und die Tanten und Verwandten,
wenn sie ihn auch gar nicht kannten,
waren alle nett und lieb,
dass er fast vier Wochen blieb.

Ostereier lernt' er färben,
und er durfte keins verderben,
doch er malte alle schön.
Onkel sprach: »Was muss ich sehn?!
Ei, wie malt der Bursch manierlich!
Und wie schreibt er fein und zierlich!
Ja, er hat, wie man es nennt,
zum Osterhasen viel Talent!«

5,7

Das schönste Ei legt er beiseit.
Es kommt die liebe Osterzeit,
und wo ein Osterei auch steckt,
die Kinder haben's gleich entdeckt.

Doch wie sie suchen – seht doch, seht,
wer vor den guten Kindern steht!
Ja, Häschen klein
wollt dankbar sein,
kam selbst herein –
und bringt herbei
sein schönstes Ei!

Dann gibt es jedem eine Hand
und ist ganz blitzschnell fortgerannt.